LIAM Ó MUIRTHILE

Saothair eile leis an údar céanna:

Prós
Ar an bPeann (Cois Life, 2006)
Sister Elizabeth ag Eitilt (Cois Life, 2005)
Gaothán (Cois Life, 2000)
An Peann Coitianta 2 (1992-1997) (Cois Life, 1997)
Ar bhruach na Laoi (Comhar, 1995)
An Peann Coitianta (Comhar, 1991)

Filíocht
Dánta Déanta (Cois Life, 2006)
An Seileitleán agus véarsaí seilí eilí (Cois Life, 2004)
Walking Time agus dánta eile (Cló Iar Chonnachta, 2000)
Dialann Bóthair (Gallery Press, 1992)
Tine Chnámh (Sáirséal Ó Marcaigh, 1984)

Drámaí
Fear an Tae (Cois Life, 1999)
Liodán na hAbhann (Cois Life, 1999)

An chéad chló 2007 © Liam Ó Muirthile
ISBN: 978 1 901176 71 1
Clódóirí: Betaprint
Dearadh: Gobnait Ní Néill
www.coislife.ie

Tá Cois Life buíoch de Bhord na Leabhar Gaeilge agus den Chomhairle
Ealaíon as a gcúnamh.
Gabhann an t-údar buíochas le Foras na Gaeilge a thacaigh le taifeadadh
an dlúthdhiosca.

Bord na
Leabhar
Gaeilge

Foras na Gaeilge

Clár

Á É Í Ó Ú

Ní rabhas i rang na feadóige níos mó
is dheineas scála ceoil de na gutaí fada
i rang pléascach Dermo.

N'fheadar ab í an phléasc
a bhlosc le slat ar aibíd
nó an riast a d'at ar bhois
ba mheasa d'aicíd,
ach ghabh lascfhórsa rois
an aeir trínn ar luas aibítreach.

Á É Í Ó Ú
dár n-imeaglú.

Á! Na mianta a phléasc inár gcroí
do chuair Mhurascaill Mheicsiceo
pé acu anfa nó cúbtha chucu,
d'fhuasclaíodar sinn ó phlúchadh
comhchosach na dtriantán
is rinceamar le lúba Chúba.

Á É Í Ó Ú
dár bhfuascailt.

Lá dar chaitheamar
bailte na Mumhan
a chur isteach de láimh
ar léarscáil bhán ar an gclár dubh,
d'fhógair an Bráthair ar Fielder
Trá Lí a mharcáil is bheith amuigh.
D'fhan ina staic, balbh.

Fuair sé greadadh ó thalamh
nuair a chuir sé an baile siar
beagán ó dheas ar chuar an Bhá,
is an Bráthair ag rá
idir buillí de liú:
'Ní hea ansan ach ansan,'
á aistriú soir an chuid is lú.
Chonac Bá Thrá Lí ina chruth
mar chíoch is sine le diúl
is neadaigh an Bráthair
baile cailce ar an sine
go brúidiúil.

Á É Í Ó Ú
brúidiúil.

Chaitheamar fanacht
inár gcoilgsheasamh sa chlós
gan oiread is lámh ná cos
a chorraí nuair a shéid sé
an fheadóg ag an sos,
is dá mbeadh éinne fós
ag rás gan í a chlos
ghlaofaí air as a shloinne
leis an ordú pionóis:
'Go dtí an Oifig. Rith.'
Chleachtaíos dul i bhfolach
im chorp féin ón bhfead chaol,
is phléasc neascóidí ar mo dhrom
is ceann nimhneach im ghabhal
is ba nimhní fós an neascóid
a d'fhan na blianta im cheann,
comhdhéanta de ghutaí oifigiúla.

Á É Í Ó Ú
oifigiúla.

Lá dar chaitheas féin
Locha Móra Mheiriceá
a tharraingt ar an gclár dubh
thosnaíos le Superior amuigh
i gcruth cloiginn ghadhair
mar a dheinimis le scáileanna
ar fhalla istoíche sa leaba,
is anuas ansin le Michigan
ina leadhb fhada teanga,
is ar aghaidh arís le Huron
nó gur bhagair sé orm stopadh:
'Taispeáin anois cá bhfuil Duluth.'
Is nuair a dheineas go hinstinniúil
chreideas gur fíor í míorúilt.

Á É Í Ó Ú
míorúilteach.

Thugas bosca *Cadbury's Roses*
abhaile ar chúl mo rothair
mar dhuais sna cora cainte
a d'fhoghlaimíos sna leabhair,
Maidhc Bleachtaire is *Maidhc Abú*
is Geronimo an tíogar daonna,
is mhapálamar gnéithe aiceanta
na hÉireann mar chód géiniteach
a scaoileadh i gceol diamhair tíre,
is sheoladh long ó Valparaiso
de ghlanmheabhair i gcabhair
chun luachanna ailgéabair
a chothromú ar phár na hoíche.

Á É Í Ó Ú
dár gcothromú.

Tráthnóntaí samhraidh ar an trá
théinn ag snámh i Muir Chairbre
ar Inse an Duine sna Bahámaí
lámh le tropaicí Chloich na Coillte,
is chuala canúintí á smearadh
as na meadair ime chéanna
is leanas bóthar leáite an ime úd
ó Chorcaigh go Jamaica,
is an lá ar dhóbair don domhan
pléascadh i gcogadh núicléach
sheol an Bráthair an rang abhaile
á rá linn guí le dúthracht
go gcasfadh loingeas na Rúise,
go dtiocfadh ciall chuig Kruschev,
is chonac cuntanós an Bhráthar
á chomhleá ina dhuine buartha.

Á É Í Ó Ú
dár gcomhleá.

Thug sé Cros Cheilteach isteach
lámhdhéanta as meaitseanna,
vearnaiseáilte is greanta
ag príosúnach i mBéal Feirste,
deartháir duine sa scoil
fé ghlas ar son na saoirse,
is chroch os cionn an chófra í
i bhfeighil Léarscáil na hÉireann;
chuimhníos ar lána sráide
ar na meaitseanna leathdhóite
ag téachtadh i sruth fola

tar éis sáthadh sa pharóiste,
is shil an Chros Cheilteach fuil
tríd an vearnais ar ár ngeograf.

Á É Í Ó Ú
dár dtéachtadh.

Lá amháin a chonac é
ag imeacht ar a rothar,
dronn ar nós an droichid air
bhuail fonn mé beannú dó
ach ghreamaigh na focail
ar an teanga bheag im scornach;
leanas é go dtí an leabharlann
mar ar sheas sé leis an ráille,
ba sheanduine leathchaoch é
ag fústráil le slabhra,
bhí fonn orm teacht i gcabhair air
go dtí go bhfaca an gotha
a bhíodh air i mbun ranga,
a theanga dingthe sna fiacla
dúbailte ag pleancadh:
'Tá milseán agam duit,'
is sileadh i ngach siolla
leis an íoróin dochreidte
nuair a d'eascair as a phóca
slat chomh fada síos lena bhróga.
Bhí fonn orm a fhiafraí de
'Cad as tú?' 'Cér díobh thú?'
ach chuaigh díom an tuin a aimsiú
chun na focail a chur in iúl
go ndéanfadh buíochas díobh
ar scála ÁÉÍÓÚ i dtiúin.

ÁÉÍÓÚ
i dtiúin.

Loig na Súl

Thabharfainn an lá ag caint leat
ar ravioli agus anlann trátaí,
ag faire ar na gutaí glónraithe
is glóthach scornaí orthu
ag plabadh ó do liopaí.

Thabharfainn an lá ag stuifeáil
líonadh luibheanna do ghutaí,
á bhfuineadh den teanga bheag
á leathnú leis na déada lonracha
á méarú i málaí.

'Is fearr iad a ithe úr, is fuirist
iad a reo, an méid atá fágtha.'
Is fearr go mór úr. Pinsín salainn.
Bogbheiriú. Ionganna gairleoige
á mbrú i loig na súl eadrainn.

Uain Sneachta
do Chaoilfhionn

Sheasaís an fód ar an gCurrach
in aois do chúig bliana stuacach
nuair a d'aistrigh sibh isteach
go fóidín mearbhaill an bhruachbhaile,
Páirc spíon na Rós agat.

Fós féin
na bánta aoibhne féir ghlais
i ngreim láimhe d'athar
ag scaoileadh leat
ruathair a thabhairt
leis na huain ag léimnigh.

Tá lámh an mhiotalóra
á teannadh go docht
ag bís an bháis.
D'imís thar doras amach go moch
fáiscthe i do cheirt fhliuch
chun feighil eile a dhéanamh,
is fé lomra na hoíche aréir
geallaim duit, sa ghairdín cúil,
bhí Dún Fuílbarra ar a chliathán
Sierra Bothán is feirc ar a chaipín,
uain sneachta ag rás
ar Phlánaí Chill Dara
le hais an fhalla sa scáth,
is ruathair acu ó am go chéile
ar thaobh na gréine
ag comhleá leis an lá.

Bundúchas

D'fhreagair sé buncheist dó féin
nuair a chuir sé lámh
ina bhás.

Ní raibh fhios ag éinne beo
ag an gcónra oscailte
an freagra.

Eisean a bhí chomh geal ina mheon
is é óg imithe chomh dubh
ag gás

borrtha na habhann gur chas
na hadhlacóirí an aerchóireáil fé lánseol
sa mheirfean.

Sheinn an tonn fonn mall os a chionn
ar an didgeridoo a shéid i bpíobáin
na haerchóireála.

Bhí an geal ina dhubh air, an taobh thíos thuas
agus freagra aimsithe i mbundúchas
na hAstráile.

When Will I Get to Be Called a Man
i.m. Rory Gallagher

Cloisim an Delta ag feadaíl aníos ón seanriasc
i riff na blues, mar a bheadh glao cuirliúin.
Phrioc na soilse flioscaí bána amach ar mo chulaith
fé na dioscaí stróib oíche a bhí an seoltóir
leictreach ag floscadh na blues ina rac 'n ról. Phlugáil
sé isteach is sheol a phabhar sa chiorcad a las
na sruthanna aeir os cionn na habhann, is ba léir
ár slí isteach in aimpéir na bhfear ar domhan.
'Olann san éadach,' a liúigh bean ar an urlár rince
ar bogadh nuair a dheineas iarracht sailchnis
a scuabadh díom, is chroith cith cáithníní fearmón
ar mo ghuala ag spineáil gan aon dul siar.
An gob fada, folt den fheamainn dhubh, cromadh
droma, na truslóga ag lapadaíl i láib na Laoi,
leanas cuid den slí é ag seachaint na poill nárbh eol
d'éinne ach dó féin, fear na habhann ar mhinicíocht
na blues fó-thoinn. Cloisim an Delta ag glaoch aníos ón
sean-riasc i riff an chuirliúin, an fhead chaol
ón nead ag cuilitheáil ina fead leictrithe i dtiúin.

Beannachtaí na Nollag

Aer caol na maidine os cionn na cathrach
oiread is a líonfadh bairille
ag bolgadh na matán.

Na héin ag canadh aria Montenotte
is mé ag gabháil de choiscéim éalaitheach
lem mhálaí thar an ardán.

Tugann mo chroí léim ag an mbácús
is guíonn sí beannachtaí na Nollag orm
lem mhála aráin.

Oíche Nollag ag fágaint an bhaile
sínim mo lámh i mbrothall na mbuilíní
taobh liom ar an suíochán.

Téann arraing trín traein ag tarraingt
go géar ar bhéal an tolláin;
ar a laghad, beidh an bolg lán.

Coinneal

Lámh ar láimh
i ngreim sa choinneal
ag dícheadal *I do* d'aon ghuth
le *Do you renounce the devil?*

Céir á sádráil gan beann
aige ar a dhóid teann,
séala ar ár móid araon;
é ag sméideadh le greann
a bhearr séibhíní de chnámh
géill na béice sa chrannóg
inar stoitheadh eagla as eaglasta.

B'aoibhinn bheith sa mheitheal
i m'fheairín lánfhásta chomh mór
is atáim im gharsún ag stánadh ort
ag ceann an bhoird, liaite le haois
is fós ag iarraidh seanchlog aláraim
ná hoibríonn a shocrú dom
i gcomhair na maidine.

Is é an diabhal ar fad é an grá, Da,
pé rud a d'éirigh eadrainn;
tugaim éisteacht na fola
do scéal an trinse,
mar a chaithis glaoch
ar dhuine muinteartha
chun na clocha a bhaint de láimh
is na píobáin draenála a leagadh.

Ní rabhas riamh ar meitheal úd
lucht piocóidí agus sluaistí
ach cloisim comhlaí orgáin ag oscailt,
an seordán id scamhóg, an dord id ghlór,
is *St Finbarr's Male Voice Choir*
ar chúl an tséipéil ag trinseáil
basso profundo an ghrá d'aon ghuth
ó cheann ceann bhord na cistine.

Aithreacha

Buailim le m'athair sna fir chríonna,
leis seo ar a ghlúine ar an urlár
ag smearadh céarach ar an adhmad,
a shíneann éadach isteach im lámh.

Leis siúd thall sa chathaoir uilleann
is gearr uaidh na ceithre scór,
a thug misneach dom is mé cloíte,
cuireann a chaint creathán ina ghlór.

Le fear na farraige ag insint scéalta
a sheolann long fé dhíon an tí,
is cuma sa sioc linn fíor nó bréaga
ach an gáire as béal an chroí.

Le fear na suáilce a chaill a mhac,
a ghabh trí mhuileann an bhróin,
fáisceann mo lámh ina dhá lámh,
a haon is a haon is sinn fé dhó.

Buailim le m'athair sna fir chríonna
is mé féin ag dul san aois,
gach athair ag múineadh go grámhar
conas an bás a fhoghlaim le gaois.

Deoraithe

Ní rabhamar inár stad
ag slaba Bhaile an Bhóthair níos mó
ach ag dairteáil linn ar fhaichí iomána
i mBarrachaibh Rua,
is ag cogaint na círe i dTigh Molaga
le pór seaimpíní na Mumhan.

D'aithnigh sé mé ar mo dhath
'*A Cork supporter*' sa stáisiún;
d'aithníos féin a chuid gutaí,
soip a stoitheadh as cocaí
fite ina súgáin.

'Táim anseo le tríocha bliain,' arsa mé,
cad fút fhéin?' 'Turas bliantúil
ar Pháirc an Chrócaigh, mo chéad uair
ar an traein seo.' Chroith sé braonacha
dá scáth báistí is dúirt os íseal gur sagart é,
leis féin i mbun paróiste, is tréimhse
caite ina shagart cúnta sa séipéal
a rabhas im bhuachaill altóra ann.

Bhíos im pharóisteánach lena thaobh
ar an suíochán, ag déanamh caidrimh
le fear cineálta, lách, is athchaidrimh
leis an mbuachaill neirbhíseach
ag tomhas fíona róchruinn os cionn cailíse,
ag mungailt Laidine na maidine ar céalacan,
ad Deum qui laetificat juventutum meum.

Bhíos ag guí is ag fiafraí, 'Fuairis ticéad?'
ag guí le dúthracht chroí óig ar altóir,
is le hiompú croí ina áthas le déanaí,
aghaidh chaoraíochta m'Athar féna gné óir.
'Tá sé anseo agam im phóca. Cad fút féin?'
'Ceann geallta.' 'D'fhanais dílis don tréad.'
'Ar mo shlí féin ar an timpeall, is dócha.'

Chuamar beirt amú ar an slí go dtí an pháirc,
mise i m'aoire gan aird ar an ngeata isteach.
'Tá fuílleach ama ann, an ndéanfam an bheart?'
'Beidh plean ag Cill Chainnigh chun iad a bhac.'
'Marcáil, gan ligint dóibh an sliotar a bhualadh.'
'Cad eile atá le déanamh?' 'A gcluiche féin is an
dara cluiche a imirt, ár gcluichene a lot.'

D'fhágamar slán lena chéile ag an ngeata.
Thug sé a bheannacht sagairt dom féna anáil,
d'imigh sé leis chun freastal ar an gcluiche,
d'umhlaíos féin dó, chomh suáilceach le canáil.

Píp Scéalaí

Ní cuimhin liom an scéal níos mó
ach bhíomar sámh cois tinteáin,
is thugaimis an oíche i mBaile an Sceilg
ag seilg ar Bhladhma na bhFiann,
nó ag lúbadh le castaíocha an ghrinn
a bhain sé as an rud ba lú
nár bhain de ar domhan.

'Tá gnó agam duit,' ar sé lá
den tseachtain a bhí sé gléasta amach
ina éadaí Domhnaigh, chomh lúfar le heilit,
an tseanphíp ag bleaisteáil le seandúil,
is chuamar ag triall ar pholaiteoir áitiúil
féachaint cad a dhéanfadh sí lena ghulait.

Chaitheas féachaint sa bhfoclóir
Béarla chun a chuid Gaeilge a thuiscint:
Gullet: "A water channel; a narrow, deep
passage through which a stream flows,
Now *local*," is gan le rá aici féin ach,
'Aren't ye great out there all those
years talking the Irish.'

Is cuimhin liom a rógaireacht go breá
is bhíomar sámh i measc na ndámh.
Cloisim an tobac fós ag dó le gríos
ina phíp ar fos le linn sos scéalaíochta,
is gabhann an súlach trím ghulait aníos
ón bhfoirnéis le blas bleaisteanna milse.

Rónta

do Hudie, baintreach Dhónail MacDonald a fuair bás de thoradh timpiste bádóireachta, Lúnasa 2004

Tá uisce Loch Éirne
silte agat led shúile cinn,
thaoscfá a dhá oiread arís
is níor leor é chun an dobrón
ag athlíonadh tar éis na tuile
a thabhairt chun siúil
ag ceann na céibhe
os comhair na rón
ar do dhá ghlúin.

I do bhaintreach ó scuab
an tonn do cheann urra
uait féin is ón gclann,
is gan de fhreagra agam
ach cloigne bradán a thabhairt
chugat as an mbuicéad lán,
solamar ón tonn don tonn.

'Féach Dónal, an ceann liath
leis na fuiscears,' a deirim leat,
is caitheann tú ceann go dtí an tarbh,
é fhéin atá ann ina chulaith mhara
ag bocáil suas síos is é marbh,
a gháire á shlogadh ina bholg
is á ligean aníos arís amach,
crochann an tarbh a chaincín
ag séidfíl is ligeann scairt.

'Mise Hudie, agus Dónal
atá am lorgsa,' a deir do shúile
ar chuma an róin leathmhairbh
a caitheadh sa tigh i dtaisce;
ligeadh a páirtí fead uirthi
gach oíche ar Thráigh Phraisce;
chreid an seandream gur scairt
ab ea an fheadaíl ón saol eile,
go dtí gur labhair sí amach
is d'fhágadar thar n-ais ar an trá í
in imeall na toinne, is d'imigh.

D'íosfaidís lán buicéid bradán
is dhá oiread is níor leor é
chun a gcraos a shásamh,
tarbh, bainirseach, ál rón
ag treabhadh leo is ag tumadh
ag séidfíl is ag foighneamh,
a mbolg lán amach is a súile
bolgtha, a bhain treabhach, le brón.

An Chorr Réisc

Sí an chorr réisc ina staic
a híomhá féin éin ina hiomláine
san uisce.

Bronnann sí a foighne gan faic
a dhúblaíonn an plána thar n-ais
in aisce.

Geit obann torann
preabann scrogall gan gogal
san airdeall.

Tumann inti féin arís go hionraic
líonann dá doimhneacht
ag stánadh.

Fanann ina haonchruth comhlán
dá gcorródh sheasódh lasmuigh
dá scáil.

Ionann iad. Féachann tríthi féin.
Is léir dá súile éin gach corraíl
go grinneall.

Taoide isteach taoide amach,
giobann goblach le straois ghoib
gaoise ársa.

Ord Rialta

Manaigh an chladaigh,
siúracha an chlochair
fé chochall is aibíd liath;
ord na taoide rialta
tráth easparta.

Saghas guí a gcoilgsheasamh,
umhlú na gcloigeann sa sáile
don soláthar;
is salmaireacht na mara
don am i láthair.

Iomlán dílis dóibh féin,
caintic chór na gcorr réisc
i mbun freagartha;
is freagróidh clog an aigéin
tráth eascartha.

An Cara Coirre

Eachtraigh dom mar gheall
ar do chara, an chorr
a thuirlingíonn ar bhruach
na habhann ag bun an ghairdín,

chomh coimhthíoch is atá sé,
go dtugann sé na cosa leis
má chloiseann sé doras
ag dúnadh go hobann sa tigh.

Chuirfinn geall ar m'anam
nach leis féin na cosa puipéid
ina sheasamh chomh caoldíreach
sa sruth a ghabhann gach lá

thar do thigh ag bun an ghairdín,
is gur maidí adhmaid iad a dingeadh
sa ghrinneall mar fheistiú tráchta
aerstráice á ghlacadh súd isteach

abhaile go dtí an abhainn
ag bun an ghairdín,
is gur tusa an stiúrthóir aerthráchta
á threorú ón bhfuinneog chúil

is gan le déanamh aige
ach do ghothaí grámhara
a leanúint is tú á rá leis
'Fáilte romhat abhaile im chroí.'

Éiríonn leis teacht i dtír
i mbun an ghairdín gan cháim,
is na boinn a chur slán
síos ar na maidí

san abhainn ag bun an ghairdín,
is inis dom gur breá ar fad leat
a chulaith chlúimh eitilte,
an léine bhrollaigh bháin, an cheannann

dubh siar amach os cionn na súl
is saighead geal na gcorrlínte ina lár,
is gur breá leat an tslí a fhéachann sé ort
le súil amháin mar a bheadh sé

ag stánadh ar a anam féin sa scáthán
díot féin a chíonn sé id shúilse,
is go hobann is sibh an t-éinne amháin
san abhainn ag bun an ghairdín,

eisean ag faire ar bhreac
chomh foighneach le súile crainn,
is gan oiread is cleite a chorraíl
san abhainn ag bun an ghairdín,

iompaíonn sé leathanach
an leabhair ar chúrsaí grá sa bhfuinneog,
is deireann tú go ciúin fé d'anáil
'Tá sé ag stánadh idir an dá shúil riamh orm,
ón abhainn ag bun an ghairdín.'

Basáin Mhara
do John Keogh

Seolaimid an cuan amach
ag leanúint samhlacha éisc
ag sondáil ar scáileán,
ach ag brath ar do ghrinneas
caol ar an domhain
is tú ar an stiúir anois, atáim.

Bhí góstaí riamh ag éamh
os cionn an chuain;
na faoileáin gan anam
ar lánboilg ag guairdeall
thart ar an tigh solais,
scréachairí ina dtost go fóill.

Tá caoineadh cine crochta
ar aer na mara, an uaill ghoirt
a scuab sruth na muintire
san Atlantach, is sinne
leis an suaill béal amach
ag dul ag iascach basán mara.

Glanaimid linn go dtí an cuaisín,
áit ar mharaís breac go minic
cheana; faill ard ag titim le talamh
isteach ón gceann tíre, na slata
feistithe, inneall múchta, ag imeacht
le sruth, réidh don chéad chaitheamh.

Leis an díthrá ar an éadomhain,
is mó an seans iad a fháil;
crochann na línte ar barr uisce,
na clocha grinnill ag caitheamh
a scáil aníos agus sinn ag druidim
le talamh, is na duáin gan aon bhasán.

Maolaíonn ár seanchas ár dtnúthán,
is músclaíonn do spéis i ngach gné
bheo den iascach mo dhúil féin
gan ainéistéis sa bheatha, is an tonn
a bhraithim fém bhonn ar thóin
an bháid ag luascadh le sruth reatha.

Cuirimid dínn gan oiread is breac
a mharú. Beirimid ar na doruithe
is le cúpla tarrac tá lán buicéid
maircréal againn ar bord; cé méid
bíoga sa soicind sara mbíonn an dé
deiridh múchta ina gcuid putóg?

Fágann tú an stiúir fúm ag filleadh,
is le sracfhéachaint amháin siar
tugaim fé ndeara do lámha
liachta i mbun aclaíochta scine
ag sciobadh na bputóg as an mbreac
mara, mar a glanadh mo dhlúth
féin chun siúil le bás mo dhlúthchara.

Spailpín
i.m. Michael Hartnett

D'fhan sé sa cheo draíochta
is d'ainmnigh na héin
gach craobh lena gceol
chun ná raghadh sé amú.

Bhí Pilib a'Gheitire ina cheann
ó bhí sé ina gharsún
is mheall sé leis é
trí mhóinteáin na Mumhan.

Fuair síneadh i mbotháin
is líon a chroí le fíon
ón Spáinn sna hamhráin
ón slua rua.

Fuair súile oíche ón ulchabhán
is bhí an léargas glé
sna móinéir fáin
ar gach mionchréatúr.

An speal a rogha
is shil an drúcht moch
braonacha ina sciúch docht
chun a thart a fhliuchadh.

Gile na speile
ag cur faobhair ar fhocail
a cheangail sé buainte
ina stácaí arbhair.

Gile eile
ón léamh ar an bhfile
le buille rithime lainne
á criostalú.

Tá sé ina sheasamh
le guala mo sheanathar
ag stánadh féna chaipín
ón scáil ar a dhá shúil.

Seanathair

Mo sheanathair groí
féna hata is fuiscears
amach as coca féir
anuas ar a bhéal,

speal le leathghuala
ag stánadh roimhe
le faobhar na lainne
atá béal fúithi

laistiar dá dhrom,
air siúd anois leis
a lorgaím cabhair
ag baint i m'aonar.

Righnigh, righnigh,
a gharsúin is bí
im theannta tamall
i ngort an fhómhair,

tar ag coisíocht
liom sa pháirc eornan,
is taispeánfad duit
na diasa, na gais

órga ag fás go tiubh
chomh dlúth le folt
na mban óg fionn
ag rince ar stáitse

le hais an bhóthair
tráthnóna fé sholas
na gréine ag dul fé
thiar i gCairbre.

Ná féach siar,
tá fómhar romhat
le baint le buillí
lúfara rithime

do mhuintire,
taispeánfadsa duit
conas breith id bhos
ar an doirnín,

beadsa leat sa ghort
nuair a sheasann tú,
is do chosa scartha
rómhór, chun ceartú

caoin a mholadh duit
is iad a dhruidiúint
níos mó chun buille
na speile a thabhairt

chomh slán is dá
mbeadh an uirlis
ag teacht as do lár
agus nach féd lámha

atá aon ní níos mó
ach rithim eile
a thagann ón spéir
le buí an tséasúir

is an duine a sheasann
ar a dhá chois féin
sa bhfómhar buí méith
ag baint pháirc eornan.

Déanfaimid lá fada
gach lá le chéile, mise
le do ghuala ag cur
cogar i do chluais

chun do bhuille
a thomhas de réir
do chumais ag tosnú
ón imeall isteach sa lár,

is bainfir sásamh
iomlán as luascadh
na lainne oiread na
fríde os cionn talún,

is na gais ag titim
le ceol nach giodam
é níos mó ach ceol
eornan le rithim

na ndias aibí
ag croitheadh na
mbonn óir anuas
le béal na lainne.

Cuirfimid faobhar
suas ó am go chéile,
is ní bhraithfidh tú
an lá ag imeacht

sa pháirc eornan,
mise le do ghuala
is an mheitheal
buainte i do dhiaidh

aniar ag déanamh
beart de réir luas
tomhaiste cumais
do mhuintire riamh.

An Damh

Tá an dubh anseo
gan é féin ann,
is dá mbeadh féin
is beag a mhéadódh sé
ar an dubh atá ann.

Slogann sé an dubh
isteach ina anam dubh
á iompú féin chomh dubh
leis an damh is ea é
lán de ghoimh

allta ag seasamh ar stáitse
ag búirthíl an duibh
amach as a scamhóga
báite sa dubh
a análaíonn sé.

Is bíonn sé á únfairt féin
sa chré dhubh a phasálann sé,
sin é an log sa talamh
le hais an chrainn
sa choill a dhubhaíonn sé,

le heagla nach mbeadh
a dhóthain aige den dubh
san aer tais dubh
gan é féin a dhathú amuigh
trín gcraiceann ina maireann sé

lena chroí dubh amh
ag seoladh fuil dhubh
trí gach féitheog choirp
dhubh dá chuid
is fós nach mó ná damh é

ag fógairt chogaidh ón stáitse
ar an saol damh teacht
chun troda leis féachaint
cén damh óg adharcach
a chuirfidh dá bhonn dubh é.

Is baineann siad macalla dubh
na n-adharc as a chéile
sa troid go bás dubh
más gá nó go mbeidh
ceann acu pléasctha

as a chéile ag an dubh,
is an damh buacach
ag foghlaim an duibh
as an nua chun seasamh
ar an seanstáitse.

Tá an choill chomh dubh
is dá mbeadh sé féin ann
ag scríobadh na gcrann lena adharca,
crann nach fios an bhfaighidh sé bás,
crann ag fás ar uillinn leadartha.

Teanga an Ghrá

Ní gá di faic a rá
labhrann sí teanga an ghrá
lena lámha.

Ní gá di faic a dhéanamh
cruthaíonn sí teanga an ghrá
lena géaga.

Ní gá di faic a gheallúint
bronnann sí teanga an ghrá
lena guíochan.

Ní gá di faic a cheilt
nochtann sí teanga an ghrá
lena féachaint.

Ní gá di faic a chaitheamh
beathaíonn sí teanga an ghrá
lena seasamh.

Ní gá di faic na ngrást
is í teanga iomlán an ghrá
gach anáil aici.

Múin dúinn análú as an nua
chun teanga an ghrá a adú
as béal a chéile.

Baile an Bhaird

Ní mian liom an tseandacht níos mó,
teacht ar thuiscint ar an am fadó
trí chuairt ar an túr fé ualach eidhneáin,
chomh casta isteach air féin le gréasáin
na mbard go dtabharfaidh sé an t-iomlán
anuas go talamh is an saol ag gabháil thar bráid.

Ní mian liom an tseandacht úd níos mó,
tá's agam nach bhfuil taobh thiar den túr
ach brainsí dem shinsear dúr;
is fearr liom go mór dul ina measc
mar ba leasc leat dris a scarúint,
is boladh burgar á róstadh a fháil
ó chúl veain tráthnóna babhlála.

Tá fhios acu gach claí, clais is fál,
luí an bhóthair, gach cliathán
a thabharfaidh an cnap iarainn
orlaí breise i leith chnap an fhir eile.

Féach sna súile acu, éist lena mboirbe,
fair an nod grod ó dhuine go chéile
is an babhla ag diúracadh chun cinn
chomh docht le dán díreach.

Fós féin, tugaimid fé,
trí chlós feirme lán de phluda
síos seanchosán isteach i ngort
pasálta ag bulláin.

Tá sé romhainn amach ar an mullán
ina sheasamh maorga iomlán,
agus mianach diamhair ársa
ag baint le castaíocha na ndriseacha.
Téimid thar fál leictreach á chosaint
ach ba ghá tua is sábh
is casaimid thar n-ais
sara dtéimid ar lár sa bhfliuchras.

Seo linn thar an bhfál
is ag tuirlingt ar an taobh thall,
aithnímid ar splanc an ghrá eadrainn
an teagmháil leictreach
le dordán na síoraíochta.

Baile an Tae

Cuireann siad an tae amach dúinn le féile chroíúil
   i mbuaile an tí i mBaile an tSléibhe
is táim thar n-ais i dtigh feirme m'uncail tráthnóna
   Domhnaigh agus sceitimíní orainn tar éis
achrann an bhóthair ón gcathair. Táimid tagtha ó
   Hangzhou is deinim gáire an athuair ag
cuimhneamh ar mo mháthair á rá: 'Ólfaimid an
   tae as na sásair inár seasamh is ná bac
aon dua a chaitheamh le cupaí a ní,' nuair is
   gloiní a chuirtear chugainn de scoth tae
Longjing. Cuireann na gloiní ag siollaireacht tur
   te sinn chomh cluthar ag an mbord leis
na leapacha tor tae neadaithe sa sliabh fé
   cheobhrán an lae, is bainim gáire as
muintir an tí ar eachtraí dóibh gur beathaíodh
   muca le tae an chéad uair a tháinig
boscaí raice de i dtír ar oileán ar chósta Atlantach
   na hÉireann. Tá cuireadh againn chun
suipéir is ní fada go mbíonn scrogall á ghearradh
   fén sconna, cleití á stoitheadh is á ní in uisce
bog i mbuicéad, is deir an feirmeoir tae gurb é an lá
   is fearr chun an barr a bhaint lá ómós
a thabhairt do na mairbh. Tá oiread is a bheathódh
   muc sa bhéile ar an gcnoc - feoil, glasraí fiaine,
bambú, yamanna, seilire spíosraithe is cumhracht mhilis
   an tae ó na goirt ar an aer tríothu. Deir ár n-aoi
Síneach gurb é a nós riamh an fhlúirse is blúire de gach mias
   mar a thagann a bhlaiseadh, gurb é an fuíoll a fhágtar
seachas pláta a ghlanadh comhartha brothall boilg duine is é
   sásta ina aigne. 'Sú coiligh óig,' a deirim leo a deir

muintir sa bhaile an sú is fearr ar fad is tugann sé léim as a
   chraiceann á rá gur coileach sé mhí a mharaíodar
dúinn féin, na heachtrannaigh a thaistil chucu i bhfad ó bhaile.
   'Tá íocshláinte sa tae agus ardú meanman', ar sé,
'Tá, nuair a dháiltear le croí mór é tá baile anseo i gcéin
   i mbaile an tae,' a deirim, agus cóngas an bhia
eadrainn. 'Dhá dhuilleog le chéile, dédhuilleach ar an gcraobh
   an uair is ceart stoitheadh lá ómóis an earraigh,'
ar sé, ag ardú a ghloine Domhnaigh dá shinsear féin, is ardaím
mo ghloine áiméin dom mháthair féin, gloine tae
   seaimpéin dá suáilce ionamsa.

Li Am ar Fhalla Mór na Síne

Pé tocht a bhuail mé ar an slí anuas na céimeanna
   ar Fhalla Mór na Síne, chaitheas stopadh
chun mo cheann a chur amach tríd an mbearna
   lámhaigh agus ligint do na deora teacht
le súil nach gcífeadh mo pháirtithe iad. Ba mhó de
   ghliondar a bhí ann ná náire go raibh an
mianach fós im gháire agus im chorp mé a thabhairt
   suas is anuas stráice amháin d'éachtaí móra an
domhain, is a rá gur ceann d'éachtaí móra an duine
   é céim a chur le céim chun an turas iomlán
a dhéanamh go laethúil go ceann scríbe; abair é sin
   os ard leis an mbean ag *pedal*áil ualaigh ar an
trírothach fé mar a bheadh an tigh á thabhairt léi aici
   ar a cúl is cloisfidh tú "Gread leat a *bendan*"
nó pé focal eile atá acu ar stumpa amadáin i nGaeilge
   na Síne. Fós féin éacht de chuid na bhFlaitheas
ab ea é mo dhá chois a bheith ar talamh a chreideas féin
   ag ligean lem thocht buíochais is don diabhal –
a fhuip ina ghlaic agus a cheannaithe chomh dubh leis
   an daol sa teampall Dao-ach – le gach mioscais.
'Grá Li Am' a sheolas go dtí mo mhac gan buille ceart
   a dhéanamh ar litreacha na haibítre,
ag téacsáil ar an bhfón póca, is ba shaighdiúir mé ag
   máirseáil san am cianda ar an *Chángchéng*
ag cuimhneamh ar an mbaile i gcéin, is gurbh é an t-am
   a bhí an uair sin ann an t-am a bhí anois ann
agus an fón póca im dhorn mar phíce chun sáite
   ag cnagadh *ping-ping* do chur 'Grá Li Am'
abhaile ina íce ráite os cionn Beijing.

Ringabella

Tearmann suain
ón taobh eile den chuan
chun éaló ó phlód an Domhnaigh.
Trá bheag chloch, crainn chun scátha,
tráchtaireacht iomána ag teacht
is ag imeacht ar chuma na mbád
ar múráil ag casadh a ngob
sna siotaí gaoithe.

Shamhlaínn clog ag bualadh fó-thoinn,
is chaithfí éisteacht chomh cruinn
leis an dtaoide chun é a chlos
is a chuirfí bior ar chluais
chun breith ar phointe boise
scóir díreach is tráchtaire an chluiche
ag dul as sa tuile ag líonadh.

Chaithfeá scaoileadh leis,
fé mar a ligeas Rinn an Bhile
isteach im líon is gur bhraitheas
ná féadfainn an chling a bhí,
a bhaint go deo as an dá ainm
i gcomhcheol seanma.

Cloisim anois an ceol céanna
iontu araon is bainim cling eile
as ringabellabile, rinnabhilebella,
á scaoileadh amach le gáire
mar a bhíonn an poc amach
á thógaint fó-thoinn ag mo chúl báire.

Sanas

Focail óir
iompaithe ina luaidhe
le casadh an leathanaigh.

Ailceimic úrnua.
Mar a chéile an turas isteach
agus an turas amach,

ach na comharthaí
sa treo eile drom thar n-ais,
ag scáthánú a chéile,

díreach ar chuma
mo theanga á hathchumadh,
Béarla-Gaeilge.

Sunny-Side-Up
freagra ar Li Bai

Buíocán moch thoir.
Gealacán glan os mo chionn.
Thabharfainn *sunny-side-up*
le do thoil, ar an maidin.
Hit agam roimh a hocht
le *cover* nua den 'Habit Shirt',
is féidir é a chlos
ón raidió ina thost
le ceol na n-éan,
an clairinéad beagán beag ró-ard
ar an gcasadh go dtí an *minor chord*
ach is cuma san,
ní *perfectionist* mé tar éis an tsaoil
ach *percussionist* ag baint
rumbail as na ciombail.
Dhúisíos féin tar éis fíona leis
ag fiafraí cá rabhas, cá bhfuilim,
is geallaim duit a dheartháir
gur faide a mhaireann meisce
gan deoch a ól
ná meisce a ólann deoch
toisc go gcaitheann,
abraimis meisce ghlan anama
ar aer an tsaoil,
mar a mhairim.

Fast Dán

Gan fanacht
le hualach cré teanga
a leathadh air,

ach ligint dó
preabadh ina sheasamh,
ina fhás aon lae.

Na blianta fada
i reilig na bhfocal,
ag iarraidh léamh

ar inscríbhinní
caite leacacha is an méid
a bhí an bás

a rá leis an mbeatha,
a rá is go raibh léargas iontu
ná fiú siolla

gaoithe le cur acu
le saothar anála an lae.
Sin sin. Sin é é.

Is fearr feasta
fast dán mar a bhí
fast woman fadó,

ceann teann tapaidh
a d'fhágfadh gan seasamh tú
gan dallamullóg.

Speed Dán

B'fhearr *Speed* Dán go mór
ná *Fast* Dán a dúirt an déagóir.
Ní raibh *speed*-mhná ar bith
ar m'aithne timpeall sna Caogaidí,

ach mná na gcnaipí is na mbrollach
ar nós Auntie Kitty ón tuath
a dtéinn i bhfolach ina tosach
Bograch gan teacht amach

as an mbrothall go brách.
Ré mhór cnaipí, na Caogaidí,
A agus B ar an teileafón
poiblí is dá gcloisfeá freagra

ar an líne bheifeá ag guí,
le buíochas nár chaithis
na pinginí a chur thar n-ais
arís ag dul tioc-tioc

isteach le cling chloig
bhinn ar chuma an ál
sicíní ar na boinn
ag cruinniú fén máthair,

ná caithfeá brú arís ar B.
Níor tháinig mná le *speed*
isteach go dtí na Seascaidí,
*zip*eanna sciortaí i Seasca Naoi

agus ní raibh aon mhoill
dá laghad ag fáil tríd
ar an mbrúchnaipe úd
le *speed* chomh te dóite

le lastóir *zip* trí thine
ó bhos go bos sa tsráid,
róthe le breith air, róthe
ar fad don teagmháil.

Scannáin

Bhíomar ar neamh ar chúl an Pavillion,
sa suíochán dúbailte gan aon uillinn
eadrainn, is luíomar isteach go drúisiúil
ar gan aird a thabhairt ar an
drochscannán d'aon ghnó
a bhí ar siúl.

Mo chéad *jag* ceart.
Polo-neck, aftershave agus seaicéad gabairdín,
ise in *anorak* muirghorm, agus stocaí uamanna
a shín óna bróga troighthanaí *stiletto*
isteach i gcúl mo chinn.

'Mise Marissa', ar sise, 'as Ballylickey',
is mo bhéal ar leathadh lena béal átha,
'Tá ainm aoibhinn ort Marissa…Marissa,
cloisim ceol na toinne ag siosadh
ar an trá ann, is tá macalla dá chuid féin
ag Ballylickey, ceol doimhin na mara,
chaithfinn tumadh go hiomlán ann.'

'Ceoltóir tusa?' ar sise.'File, is
breá liom Seán Ó Ríordáin, cad fútsa?'
'Murúch. Tagaim go dtí an chathair
ar leoraí an éisc uair sa tseachtain
ar an margadh, Déardaoin de ghnáth.'

'Ar díol gan dabht.' 'Ní hea in ao'chor,
compánach mé ag an tiománaí,
fanaim lem dheirfiúr fén mbaile,
téim abhaile ar bhus Uimhir a Trí.'

'Níl bun eireabaill ort, dhá chois fút,
ná ní bheadh na sála oiriúnach don snámh,'
'Bhfuil tú ag magadh? Sin é m'*outfit* cathrach,
iasc mé, geallaim duit, ó bhun go lár.'

'Ardaigh do sciorta is lig dom féachaint.'
'Níl faic le feiscint, cuir isteach do lámh,
ach ná téir rófhada.' 'Cén fhaid fada?'
'Ar d'anam ná bain le mo dhrár.'

D'fhás na huamanna scannán síoda
níos slíoctha go mór ná craiceann mná,
bhí rud ag baint léi nárbh fhéidir breith air,
bhraitheas im lámh é ag méarnáil.

Murúch cinnte a bhí inti.
D'fhágas slán léi agus an scannán thart.
D'imigh sí ar bhus a Trí abhaile,
Marissa Murúch mo chéad *jag* ceart.

An Manach a Léim thar Falla
do Fiona Bush

An lúcháir a dheineas
ar bharr Sceilg Mhichíl
tar éis don lámh chúnta
mé a chur im sheasamh,
n'fheadar ar le faoiseamh
nó leis an léargas é, ach táim
buíoch im chroí ó shin.

Míobhán a chuaigh i bhfad siar
a d'fhág im staic mé ag dreapadh,
is chaitheas suí ag féachaint
ar an seanscannán ar scáileán
Bhá na Scealg
den reathaí aonair
a bhfuil rith an ráis leis
nó go dtosnaíonn éasc beo a chinn
ag rá leis: *'You don't deserve to win.'*

Táim éirithe as a bheith ag éirí as
ó shin. Bhí an lúcháir a dheineas
an lá sin á rá liom ná raibh
na manaigh Ghaelacha
riamh chomh tromchúiseach
is ná meallfadh tinteán oscailte
sa dúluachair iad go dtí
an mhainistir míntíre. Bheadh
gabhar á róstadh ann, is bun na
spéire lastall ag princeam le greann
Dé sna súile ag bíogadh fé choinnle,

is iad ag déanamh buíochais as an
anam lastall abhus sa duine daonna.

'Ár n-aithreacha ar muir, ar tír,
ar charraig aonair, múiníg dúinn
an daonnacht neamhaí, an neamhaíocht
lándaonna.'

Thógas súp sa tSín ó shin, lá
a chruinnigh scata gearrchailí
i ngúnaí uaine síoda, go bhfóire
Dia orm, ag fáiltiú i mbialann.
D'fhás clúmh orm le sceitimíní
agus le glóraitheó na gcailíní
is thugas fén súp ab fhearr sa tigh
chun an clúmh nua a cheiliúradh.
Bhí sé tamall fada ag teacht,
agus toirtís ar snámh ann,
a plaosc greanta in airde.
Mo ghreidhin í an toirtís
bhocht, ach chuir sí blas
milis ar an súp is dúirt
na haíonna gurbh é
an manach a léim
thar falla a thugadar air.
Fuair sé boladh an tsúip sa chorcán
tamall ón mainistir agus seo
leis d'aon léim amháin amach
lena anam. Búdaíoch bocht eile,
mo bhráthair saolta.

Táim i bpáirt leis féin ó shin
is lena chomhluadar gnaíúil,
an dream a chaitheann
clóca spioradálta gan náire,
is a ardaíonn go héadrom
ó na guaillí le fillteacha an gháire.

Mata
do Chaoilfhionn

An mata atá caite ag an doras
chun na bróga lathaí a ghlanadh
ag teacht isteach ón ngairdín,
ní fiú tráithnín é,

ach sé tairseach mo sheomraín é
ar chúl an tí agus a aghaidh soir,
saghas cillín ar snámh ar talamh
a lonnaím

idir na heitseálacha den Tiaracht
bhocht ag fanacht i gcónaí le Dia,
Fothair na Manach, Inis Tuaisceart
agus Cathair Conraoi

in oladhath a bhféadfá do mhéar
a chur isteach go doimhin ann
agus an saol eile a bhrath
fén gcnámh ann.

Tá an sionnach coincréite ón saol
a bhí againn fadó, saol eile dár gcuid
féin, fós ag suí ar a chorraghiob,
is *hose* buí

luite ar na leacacha ina lúba traochta
ag na hiarrachtaí chun teacht ar a bhun
is a bharr féin chun fáil thar n-ais isteach
abhaile ina bhosca.

Radharcanna chúl an tí is tú féin traochta
ag brácadh tráchta ag tabhairt fé obair
an lae chun an tigh seo a choimeád,
agus briathra le bráithre.

Tá a dhóthain fachta ag an sionnach
leis den radharc céanna coincréite
is é ar tí cur de, glanadh leis amach
treo éigin eile.

Maith dhom na focail chrua a ligeas
leat im racht ceartaiseach á rá nár thuigis
faic, maith dhom agus taise im bhosa ar m'éirí
ón mata urnaí.

Eitseáil Bheo

Bíonn rud éigin de shíor ag teacht
idir an dán atá le déanamh
agus an ceann a deintear.
Cág ag grágaíl Gotcha!
ó cheannlíne gháifeach na gcrann.
Cló trom na bpréachán
ag sileadh dúigh sa bháisteach.
Aigéad an lae mhiotalaigh
ag ithe faonsolais.
*Wow*áil aláraim ag cur
ceoltéama an chillscannáin as tiúin,
nuair is ceisteanna
bunúsacha is gá a fhiosrú;
ábhar orgánach a ocsaiginiú
trí fhótaisintéis focal;
forógra fornocht an tséasúir
a dhréachtadh ar thréigean duilliúir;
conas sonas a eitseáil
trí línte a ghreanadh ar ghloine,
conas sonas a chur
ag análú,
nuair a dhúnann an doras
de phlab sa díle.
Osclaíonn míle.

Faobhar

Níl sí ag cur
aon mhoill orainn
ag cuntar airgid
an mhargaidh,

an bhean chríonna
lena maide siúil
ag fústráil ar leathlámh
lena sparán.

Í lúbtha le cnámha
briosca a chrochann
a corp i leataobh
i dtreo an dorais

amach mar a bhfuilimid
ar fad ag iarraidh
imeacht le faobhar
géar na mífhoighne.

Is faobhar moill,
agus fear an airgid
ag áireamh na bpinginí
go mall de ghlór

ná cloiseann sí,
is an tsóinseáil
á burláil le faoiseamh
aici ina póca.

Is é a dícheall siúl
go righin gan oiread
is focal aisti, le foighne
beagnach dofhulangtha.

Agus í glanta léi amach
cloisim brioscaí tura na gcnámh
ag díoscán ina diaidh os ard:
'Slán agaibh a bhochtáin
na míghnaíúlachta.'

Crúca

Chuir sé crúca ionam
lena ghuth bagrach
is a mhéar ag lúbadh
'Tar i leith'.

Casóg dhubh shnasta
is sceana sna súile,
chuas chuige, gach ball
coirp ar crith.

Ní fhéadfaí é a shásamh,
ní raibh sásamh ar an gcraos
a chuir a theanga ag at,
leigheas ar bith.

Nuair a aimsíodh an crúca
thiar fé chnámh mo dhroma,
dúirt na dochtúirí gur bhéic sé
'Seo leat rith.'

Agus é á dhíriú amach acu
don scrúdú iarobráide,
ní raibh aon nimh eile ann
ach gramadach Gaeilge,
nimh ar bith.

Fómhar

An fómhar míorúilteach seo
gach dath ina oladhath le méithe,
olasholas ag straidhpeáil na spéire
gan puinn léithe

ar maidin is an fraoch ag tréigean
datha sna sléibhte ag éileamh
dath eile ar dhathadóir éigin,
an raithneach mar a chéile.

Oladhathanna na sruthanna a léimeann
donn-órga, dearg-ómra, is ná féachann
thar n-ais, ná staonann dá bhféile
ag rás le béal

easa, ag imeacht bán na céadta
troigh le teaspach ná traochann
an fuinneamh diamhair, aerga,
an mianach léire.

Olabheannaitheacht na taoide ina léimim,
feamainn ina steillebheatha ag olaphléascadh
ar mhéireanna, ar ghéaga, ar éirim,
dá ngabhaim buíochas.

An fómhar míorúilteach seo
gach fráma ina chanbhás péintéara
gach duilleog ag feo ar ghéaga
mar an gcéanna.

Tá an buí sna fíniúna féin,
duilleoga iompaithe chun na gréine,
ar fhéachaint timpeall, ag déanamh guí glé
lena bhuíochas.

Canbhás

Ní hí scian na haoise níos mó
a fhágann a rian ar m'aghaidh
tar éis cúrsaí an tsaoil a phlé
leis an bpéintéir ealaíne.

Mar a bhímid fós ag faire
ár seans ar mhná óga
milse os cionn aoise,
ag stealladh scaothaireacht na baoise,
clúmh éadrom a thiteann ró-éasca
den cheann críonna.

Iad siúd ag pramsáil
ag soláthar athlíonadh róbhéasach
don dream ag dul i léithe,
ag guagadh ar a bproimpín
ar chuma scata gé ag gogallach:
'Is that all right now sir?'
'Would you like another biscuit?'
'Would I? Would I risk it?'

Rince síoraí na gcleití!
agus sinne fadó riamh maol
gan a bheith maolchluasach,
mar a mhúinfeadh an saol dúinn
bheith inár staicíní áiféise.

Gan na pianta páirteacha leis,
a dhearúd, an fhearg fós
a bhrúchtann aníos toisc
go bhfuair bean mhuinteartha

cruatan ina bás ar thralaí A&E,
nó an gáire i gcónaí
agus fear muinteartha
á chothú ar an spúnóg
ag faire i leataobh
ar ghlóir-réim na síoraíochta
á nochtadh ag banaltra óg
cromtha os cionn othair
ag fáil bháis i leaba eile.

An canbhás saolta go léir!
Aon fhéachaint amháin
a chara mo chléibh
a thugas sa scáthán,
chonac chomh soiléir leis an lá
nárbh í scian mhaol na haoise
ach scian ealaíontóra
a d'fhág crúba gé
ag crúbáil ar mo dhreach.

Tá's agat an cineál ealaíontóra
atá i gceist,
a bhíonn ag sleaiseáil
rianta pianta le roic an gháire
dá chuid féin,
an té a chuireann
gach rud san áireamh
i mbun portráide.

Ag Siúl Amach

Ag siúl amach ón dán
ag caochadh ar scáileán,
ag taobhú binn an tséipéil,
ag triall ar ghal sa gharáiste,
ag iarraidh an luas a mhoilliú,
ag comhaireamh mo choiscéimeanna.

Gan aon deacracht leis na huimhreacha
aonair fén anáil, aon-dó-trí, aonaid
a dheineann aonad slán dem cheann
is dem sháil.

Gan aon deacracht leis na déaga-aon-
dó-trí-déag, beagáinín ard, is fós a
choimeádann na géaga ag imeacht
bonn le lámh.

Gan aon deacracht leis na fichidí, aon
dó-trí is fiche, ní mór moilliú beagán,
tá an mhaidin salach fliuch anuas
lem mhuineál.

Gan aon deacracht leis na tríochaidí, aon
dó-trí is tríocha, é ag fliuchadh gan stad,
ní stadfaidh sé má éirím as an gcoisíocht
ar fad.

Gan aon deacracht leis na daichidí, aon-
dó-trí is daichead, ach an D déadach
ag baint barrthuisle as mo chéimeanna,
m'anáil.

Ach faoiseamh arís sna caogaidí, aon-
dó-trí is caoga, go háirithe caoga haon
nuair a rithim na gutaí isteach ina chéile
ach ní féidir

fanacht leis an uimhir chéanna nuair
is comhaireamh aonad ina ndeicheanna
atá i gceist chomh fada le céad, aon
chéidín amháin

agus ansin tosnú as an nua arís le céad
eile, aon-dó-trí is céad ach gan an céad
féin a rá nó ní éireoidh go deo leat teacht
slán

as an turas maidine go dtí an garáiste
ag triall ar ghal agus filleadh ar ais
abhaile is an séipéal dúnta, chun freastal
ar an dán.

Na Cailleacha Dubha

Alpairí na mara
a deir cara,
ach ag faire orthu
ina seasamh
ag triomú amach,
cuireataí iad a d'éirigh
amach as an bpaca imeartha,
a gcúl tugtha glan acu le cearrbhachas.

Go dtí go leathann cinn eile
na sciatháin go fairsing,
is tá rud éigin caithréimeach,
chomh tugtha d'eachtra na beatha
ag baint leo go ndéarfaí
gur eitleoirí luatha iad
lán de spleodar, lán d'aiteas,
is go n-éireoidh siad den talamh
aon neomat feasta
glan as a seasamh.

Grá Mór

Agus é níos fusa
grá a rá i gcónaí
nó *amour*
ná *love.*

Agus nach ionann
grá a rá is é a dhéanamh,
agus an g-rá le clos
(cuir do chluais leis)
san áireamh.

Gan deacracht ar bith
le deiriúchán *ove*
mar a chéile ubh
nó fiú *shove-*

l murab é an *l*
é ar fad ina thús
liopach a chuireann
an teanga ag p-labadh

i gcoinne an charbaill
timpeall ar ubh-*ove*-amh
mar a bhíonn na liopaí
rabhanálta i lár *amour*

ar chuma *love-lozenges*
á gcur ó bhéal go béal
le barr na teanga,
ag sú grá fadó.

Nó fiú samhlaigh
ubh an loin ar mo
theanga á thógaint
agat uaim

ar bharr do theanga,
seo leat, nach cuma
ar deireadh, abairse
love you

más maith leat
is déarfadsa
grá*mour*
grá mór.

Suantraí Sarah is Asmahane

*cailín a fuair bás lena máthair Asmahane i mbuamáil Bhéiriút,
Lúnasa 2006*

Ó, cé hí seo atá ina luí
chomh támh
ag doras beag mo chroí,
lena folt donnrua
is éadan na fola
is an dá choisín
ina ruainní feola?
Seó sín seó, hó-ó-ó
Lú lú ló, ú-ó.

Ó, cé hí seo atá ina luí
chomh támh
fé smionagar an tí,
gan dídean fé dhíon
dom leanbhaín sámh,
ach seomraín mo chroí
is mo chual cnámh?
Seó sín seó, hó-ó-ó
Lú lú ló, ú-ó.

Ó, cé hí seo atá ina luí
chomh támh
is chomh ciúin ó,
ní i gcófra na marbh
a chuirfinn tú a chodladh
ach i gcliabhán óir
is mo lámh á bhogadh.
Seó sín seó, hó-ó-ó
Lú lú ló, ú-ó.

Ó, sí Sarah atá anseo ina luí
chomh támh
ag doras beag mo chroí,
m'iníon is mo ghreann
mo chailín deas donn,
is óró bog liom í
an cailín deas donn.
Seó sín seó, hó-ó-ó
Lú lú ló, ú-ó.

San Aonad Alzheimer

'An bhfeiceann tú an fráma sin thall?'
'Crochta san aer? Cad tá ar siúl ann?'
'Ó…'
'Sníomh is dócha.'
'Sea, sníomh.'
'An bhfuil mórán daoine ag obair ann?'
'Céad caoga duine ag sníomh.'
'Agus cén gnó atá agat féin?'
'An áit a rith.'
'An bhfuil ag éirí go maith leat?'
'An-mhaith.'
'Ag obair ó mhaidin go hoíche.'
'Ó mhaidin go hoíche. Ach tá cuid acu…seo…an-
trioblóideach.'

Luíonn sé siar ina chathaoir, lúbtha ar chuma crúca ar
a chliathán, as láthair uaidh féin sa seomra lae
istoíche. Glúine ar chuma dhá ubh ag gobadh
trín bpluid. Mílí ar a chneas páipéir ón teilifís ag
caochadh sa chúinne. Ligeann fear liú allta. Greadann
fear tráidire lena bhosa. Pléascann buama san Iaráic
i súile fir. Scaipeann lúidíní leanaí, matáin
máithreacha, polláirí póilíní, ionathair aithreacha, ar
fud an bhabhla torthaí agus ar na fallaí. Titeann
cloigeann teasctha anuas ón síleáil agus rabhlálann
ó thaobh taobh ar an urlár. Straois ait ar a chlab
basctha.

'Tá tart an bháis orm.'
'Ól braon uisce as seo tríd an dtuí.'
'Seo, breá réidh anois, ní theastaíonn uaim tú
a thachtadh.'

An Lá

Gach rud
a choinneáil
san aon lá amháin.

Gan againn
ar deireadh
ach é,

pé slí a ghealann
an mhaidin,
go deireadh lae.

Fúinn an caitheamh,
is rud a mhaitheamh
ó am go ham

dúinn féin,
an smaoineamh obann
a ritheann leat

nár rugais in am air
tiocfaidh thar n-ais
ar chuma eile,

seanchara fé chulaith nua
ina sheasamh sa doras,
'Dhera conas tánn tú féin?'

Nó uair fhánach
bogann rud éigin
i bhfad síos.

Ní hé an t-am a thóg
sé bogadh is cás,
ach gur bhog

aníos amach sa lá
is abair slán leis,
gan fán fada

nó siúrálta glan
greamóidh sé
de dhuine eile.

Abair slán glan
leis an seancheol
mar a dheineas

féin anois díreach
leis an seanghlór
a ghreamaigh

im cheann le blianta:
It will be all the same
in a hundred years.

Bhíos ar tí a rá
in this valley of tears
ach ní déarfad,

chun ná féachfaidh sí
leis an drochshúil orm
ag imeacht.

Ná ní fhéachann.

Guí an Gháire

Is fearr go mór
an saol a mholadh
ná a cháineadh.

Ní gá faic a rá
chun rud a mholadh,
uaireanta is leor

gan duine a cháineadh
mar mholadh ort féin,
chomh stuama

is atá d'fhoighne
ainneoin ghriogadh
an Amadáin Mhóir

ó stáitse an tsaoil.
Rófhada, róghéar
a mhair gol an gháire

ag brúchtaíl ón mbolg,
an scairteadh ag imeacht
ina racht baoth,

is nuair a scuab
na tulcaí an raic
chun siúil,

nocht gáire croí
chomh héadrom
leis an gcleite éin

a d'ardaís ón talamh
a chuir guí an gháire
ar mo bhéal féin.

Port an Phíobaire
do Peter Browne

Béist strapáilte ina lár,
díonasár, is gainní miotail
ar a mhuineál.

An chnámh droma in éabann dubh
na hAfraice, in éabhar bán ag lúbadh
as a thóin.

An bolg mór fén ascaill is easnacha
leis an uillinn ag séidfíl trí na poill
ina shrón,

scairteann sé sa phusachán leathair
ar an nglúin a theannann aer ann,
a choimeádann

an t-iomlán istigh ón imleacán amuigh.
Scaoiltear leis a anáil a phopáil ó am go ham
chun an dé

a ligean as, ach is é an t-iontas mór ar fad
ceol ar bith a bhaint as ainmhí chomh
míchumtha leis.

Seinneann sé a phort féin go minic,
is caitear a cheann a thabhairt dó
mar a bheadh

sé siúd ag séideadh fútsa, is nach tú
an máistir atá á thabhairt leat agat,
á cheansú

le misneach chomh hársa, úr le drúcht
mhaidin Bhealtaine, is tugann sé seáp
eile fút

chun triail a chur ar d'fhoighne, sin buíochas
duit. Cuirtear múineadh air ach na ladhracha
a bhualadh

ar a mhiotal, á láimhseáil mar chat allta
ag drannadh poirt as a lár béistiúil
nó cosúil

le stail na filíochta ag léimt thar clathacha,
is port an phíobaire ag imeacht cosa in airde
le marcshlua na huilíochta.

An Seanduine
do Iarla Ó Lionaird

An garsún ag canadh
Aisling Gheal
is é chomh hiomlán
laistigh den amhrán,
bhí a oiread den aisling
á chanadh súd

is a bhí de féin
ag gabháil amhráin.
Sheol an aisling tríd,
is d'ardaigh ár gcoiscéimne
go buan oiread na fríde
os cionn talún.

Ba dheacair riamh
ó shin dhá chois a leagadh
ar chlár an domhain
gan cuimhneamh go rabhamar
bonn ar bhonn ag siúl
in *Aisling Gheal Gharsúin.*

An oíche cheana
sheasaimh an t-amhránaí fir
i suantraí an tseanduine
is shníomh lúba fada gutha
a chuir codladh thar n-ais
ina chodladh.

Nocht an seanduine
i gcúinne na hadharta
ag titim chun suain
ina shiúl aislingiúil,
is an suantraí á bhogadh
siúd go buan le guth garsúin.

An Caipín

Dhreapas an falla
os comhair an tí
agus síos liom an crann.

Leagadh mo chaipín
ach níor bhraitheas uaim é
ar mo cheann.

An t-earrach a bhí chugainn
nocht an caipín
béal in airde,

síolta ag pléascadh
tríd aníos
le péaca an gháire.

Dán Grá Síneach 1

Grian an Fhómhair bhuí ar an sliabh,
drúcht mhaidin Bealtaine im cheann;
tá an bhean i mbrothall mo ghrá
thuas chomh hard leis an bhfiach dubh
os cionn an fhraoigh ag tréigean datha.
Ar an gcosán is fearr linn ag féachaint siar
sna gleannta, luíonn a scáil ón taobh seo
anuas im threo. Gan í le feiscint sa smúit
ná le ceo an bhrothaill agam di. Tá sí ag siúl
roimpi in aghaidh an aird, ag cromadh le saothar
os cionn na gcloch, spallaí ag imeacht lena sála.
Tá an t-uisce ag imeacht go tréan os cionn an easa,
donn-órga, dearg-ómra, is na buíonna chomh
hiomadúil le dathanna an duilliúir. Gan aon bhun
spéire sna sléibhte ach timthriall na gcosán. Níor
léire í ag rince cosnocht sa drúcht maidin
Bhealtaine.

Dán Grá Síneach 2

Tá an bhean i mbrothall mo ghrá
ina haonar sa choill bheithe istoíche,
ag sileadh deora áthais, deora bróin,
is an solas ag eitilt trín duilliúr aníos ón
gcathair. Fiafraíonn sí cá bhfuilim féin? Táim
im spréach solais gan chaochadh a lasann na
deora ar a gruanna agus iad ag glanadh chun siúil.
Seo, anois, seo leis na deora anuas sa chaonach
atá maoth cheana féin le taise na gcloch. Féach
chomh fuirist is féidir é a bhaint, fóidín súpláilte le
seanchríonnacht an bhróin, le húire an áthais id chroí
a éiríonn os cionn na cathrach is a eitlíonn thar n-ais
chugat ina sholas a spréachann gan staonadh. Féach
anois díreach.

Dán Grá Síneach 3

Seasaim amach fé spéir na hoíche
ag féachaint in airde. Féithchiúin.
An Réalta Thuaidh. A fhaid uainn
aon léargas. Tonn éadrom fionnuaire
ar mo bhaitheas ag dul i maoile.
Tamall ag stánadh. Nochtann solas
na gealaí ón taobh thiar de scamall
trín dair óg i m'aice. Sciotaíl ghaoithe
an duilliúir. Scata cailíní i ngúnaí síoda
ag rince.

Dán Grá Síneach 4

Is aoibhinn iad na bambúnna
cromtha i leataobh ag éisteacht
le ceol an sconsa sa bháisteach.
Tá sé ina shiansa acu, is nach breá
dóibh é. Nuair a ghlanann sé, leanann
an ceol á sheinm tamall eile ó na
seolphíopaí ar an bhfalla leis an díon.
Seo leis na héin ag portaireacht
dóibh féin go lúcháireach, is le
puthaíl na gaoithe crochann na
bambúnna sa treo eile. Mar a
aistríonn cluas lucht éisteachta
leis an ngluaiseacht i gceolfhoireann,
nó mar a aistríonn an bhean i mbrothall
mo ghrá a mothall ó thaobh go chéile
ag éirí as an uisce.

Dán Grá Síneach 5

Tá an bhean i mbrothall mo ghrá
ar an bhfarraige lá garbh báistí,
ina kayakaín chomh héadrom le cleite.
Téim go dtí an cladach féachaint
an bhfaighinn an radharc is lú uirthi.
Scuabann cóch obann trín gcuas
is cúlaíonn an taoide le buile ón bhfalla.
Tá sé ina rabharta crosta is suaitheadh
ina bholg, is caitear clocha is mangaisíní raice
aníos ó thóin na mara. Ach seolann an bhean
i mbrothall mo ghrá chomh nádúrtha le héan
mara ag scuabadh os cionn toinne gan oiread
is cleite dá corp a fhliuchadh. Ligeann sí liúnna
scólta aisti ó am go ham, ag ciúnú na gcapaillíní
bána: 'Tá lán an dá chluais faighte agam
díobh fhéin is de bhur seitreach gaoithe.' Is
cúbann siad chucu le náire shaolta roimpi.

Cúpla Focal
Anna Heussaff

Úrscéal grá agus suirí i stíl éadrom spóirtiúil ó údar cáiliúil Bás Tobann.

Imeachtaí aon tráthnóna amháin, ach ansin is iomaí insint ar eachtraí an aon lae. Oiriúnach d'fhoghlaimleoirí fásta agus mar scíthléitheoireacht.

Praghas: €12
Dáta foilsithe measta: Fómhar 2007

Ar an Aer
Breandán Delap

An nuacht, na meáin, gairm agus saothar an iriseora faoin spotsholas anseo. Teilifís, raidió agus na meáin chlóite, na príomhimreoirí agus a gcuid spriocanna. Beidh tóir ag réimse leathan léitheoirí ar an saothar seo agus go háirithe lucht staidéar na meán féin.

Praghas: €16
Dáta foilsithe measta: Fómhar 2007

Scríbhneoirí faoi Chaibidil
Eagarthóir: Alan Titley

Sraith alt ar údair mhóra liteartha na Gaeilge - beo agus marbh. Bunaithe ar an tsraith chlár den teideal céanna a craoladh ar RTE, agus ag tarraingt as gaois agus léaspairtí na rannpháirtithe de réir mar a oireann. Treoirleabhar a cheiliúrann éachtaí liteartha na Gaeilge.

Praghas measta: €15
Dáta foilsithe measta: Deireadh Fómhair 2007

Mar a deir an Seanfhocal!
Eagarthóir: Donla uí Bhraonáin

Díolaim mhaisithe de sheanfhocail choitianta na Gaeilge, le haistriúcháin nó comhleaganacha i mBéarla, Sínis agus Polainnis. Saibhreas na Gaeilge in oiriúint do phobal ilchultúrtha na hÉireann de gach aois agus cúlra.

Praghas measta: €10
Dáta foilsithe measta: Deireadh Fómhair 2007

Dún an Airgid
Éilís Ní Dhuibhne

Scéal bleachtaireachta lonnaithe i mbaile ficseanúil tipiciúil. Baile ciúin, dúnmharú gránna, drugaí sa chúlra, ach ní hin é a dheireadh ach oiread! Cé a rinne é? Ach tá caidreamh an Gharda lena chailín Saoirse i gceist freisin agus saol comhaimseartha na hÉireann ag bruith anseo.

Praghas: €16
Dáta foilsithe measta: 2008

Iriseoirí Pinn na Gaeilge
Prós-iriseoireacht na Gaeilge san 20ú hAois
Eagarthóir: Regina Uí Chollatáin

Togha agus rogha as saothair iriseoireachta mhórscríbhneoirí na Gaeilge. Scoth na dtéacsanna féin mar aon le hanailís ar luach agus ar fheidhm na scríbhinní i gcur chun cinn scríbhneoireacht chruthaitheach na Gaeilge i ndioscúrsa na hiriseoireachta.
Praghas measta: €20
Dáta foilsithe measta: 2008

Seanfhocla Chonnacht
Eagarthóir: Donla uí Bhraonáin

Eagrán nua den bhunsaothar cuimsitheach le Tomás Ó Máille (Oifig an tSoláthair 1948, 1952) Bunábhar an bhailiúcháin athchóirithe agus curtha ar fáil do ghlúin nua in aon imleabhar tarraingteach amháin. CD-ROM mar áis chuardaigh san áireamh.
Praghas measta: €20
Dáta foilsithe measta: 2008

Scríbhinní Amhlaoibh Uí Shúilleabháin
Neil Buttimer

Anailís chuimsitheach ar théacs agus ar chomhthéacs na dialainne. Scagann an t-údar modhanna peannaireachta agus cumadóireachta Amhlaoibh mar aon lena shaothar i réimsí eile, an fheirmeoireacht, an mhúinteoireacht, agus a shaol tí agus teaghlaigh. Éachtaint neamhchoitianta ar léann soch-chultúrtha na Gaeilge.
Praghas measta: €20
Dáta foilsithe measta: 2008/9

Foclóirí agus foclóirithe na Gaeilge
Liam Mac Amhlaigh

Saothair foclóireachta na Gaeilge ó Shanasán Uí Chléirigh (1643) go dtí Ó Dónaill (1978). Achoimre ar shaol na scoláirí Éireannacha agus idirnáisiúnta a shaothraigh fearann idirtheangach Gaeilge, Béarla agus Laidin. Léargas ar na foclóirí féin, an cur chuige, an stíl oibre agus an t-ábhar atá iontu.
Praghas measta: €16
Dáta foilsithe measta: 2008